Las puertas vacías

JOSÉ MANUEL DIEZ ALONSO

Aliar ediciones

Corrección: Eladia Guerrero
Diseño de cubierta: Jaime Galisteo
Maquetación: Aliar Ediciones

Depósito Legal: GR 1599-2024
ISBN: 978-84-10374-98-0

Impreso en España

Edita
ALIAR Ediciones
www.aliarediciones.es
info@aliarediciones.es

Las puertas vacías

JOSÉ MANUEL DIEZ ALONSO

A mi madre.

Para mi tío Manuel Martínez.

«Mira, no pido mucho,
solamente tu mano, tenerla
como un sapito que duerme así contento».

Happy New Year
Julio Cortázar

EL BESO DE UNA ESTRELLA

Bésame.
Lo estipulan las ordenanzas del cielo del verano.
Lo mandan el río,
el ancho y fértil cuenco del valle
y el balancín de tus caderas.
El aire levanta los helechos
y aviva esta hoguera de juncos y de sangre.

Bésame.
Porque si tus labios
no sacian mi sed,
te prenderá el fuego del estío
y tus manos silenciosas
acabarán esposadas a mi olvido.

Bésame.
Una caravana de hormigas rojas
dibuja corazones en el sendero.
¿No te gustaría inventar nuestro futuro
en este valle que nos hizo invisibles
a las balas del odio y del invierno?

En este destierro, una estrella brilla
en la negrura del pasado.
Haré guardia con el fusil
por el que trepas
en las noches incendiadas.

Pero tú no besas, dices.
Que no hay ley que te obligue a besarme.
Que todos los besos serían tristes
bajo esta luna,
blanca y fría como una moneda.

Oso dormido.
La guarida cobija
sueños de miel.

ABEL Y CAÍN

Primavera.
Bancos de peces.
Semilleros y corazones de amapolas.

Envaina la espada.
Enfunda la pistola.
Al viento la cólera.
La flecha, en el carcaj.

Olvida.
Recuerda.

Embárcate y pesca.
Siembra
y engendra la belleza.

No riegues
con sangre de tu hermano,
por nunca jamás,
los caminos de la tierra
ni las ondas del mar.

¿Hacia dónde huyes
con el miedo en la frente
hollando espigas?

INVESTIGACIÓN

Busco la huella de un crimen:
la bala enamorada de la carne,
una vela izada que se aleja,
el compás interrumpido de un reloj.

Atento a los ecos de un disparo
y bañado al sol de mediodía,
trazo círculos de tiza y espuma.

Un casquillo helado
sobre un asfalto de sueños.

La montaña de una isla.
Una planicie con una sola cumbre,
donde el mar golpea
en oleadas verdes y melódicas.

Es la verdad que anhelo,
la orilla hacia la que nado
desde hace siglos.

Me duelen los brazos,
pero el corazón aún alimenta
el motor de mis piernas.

Ella me espera en esa orilla.
No sé cuándo.
No sé si llegaré.

Dame tu mano,
libérame de mi yo
encarcelado.

VIOLETA

Semillas de granada en tus labios.

Tu gesto es lento
y tu mirada
—oscura y secreta—
un pozo de concéntricos deseos
de azabache.

Al borde del camastro,
en este amanecer,
suplico tu puñal en mi espalda,
y que me lleves al paraíso
rojizo de tu Alhambra.

El temblor de un párpado
desvela un ahogado suspiro.

Rubor en tus mejillas.
Y cera caliente
por la piel de mi alma.

La helada oculta
el fuego del invierno.

En tu pequeño dormitorio
de estudiante
—tus botas negras, mi anillo con delfines—
embarco en el esquife de la madrugada,
para llegar
hasta el velero de tu vientre,
antes del puñal,
del naufragio y del adiós.

El viento lleva
el fragor de la lucha
entre tú y yo.

CUANDO CAE LA NOCHE

Desafinan las cuerdas de tu voz
como el ronco murmullo
de un saxo abollado
y el *scroll* de tus dedos
ensucia la pantalla,
la *interface* entre tu sombra y las sombras.

El desconcierto mata el silencio.
La noche invade tu colmena
por la piquera de las cenas solitarias.

Déjame ser tu maestro de magia,
desarticularte beso a caricia.
Con un sable
te divido en dos y tú saludas:
tu boca chupa,
tus manos manipulan,
tu sexo y tu grupa se abren,
tus piernas cabalgan
y tus pies
reciben caricias o pisotean mi nombre.
Mis palabras obscenas
cubren tu piel en oleadas de susurros,
y así naufragan tus modales
de niña buena.

Deja que me ocupe.
Que socave, pare, acelere.
Que muerda, te incline.
Que ordene, te flexione.
Que ascienda, baje y te dirija
por derroteros de miel,
por zonas calientes,
gustosas cloacas,
muslos, piel enrojecida.

Así, te abro,
te invento regalos,
te recompongo noche a noche,
con los pases mágicos de mis toscas manos,
y te dejo pedazos de luz blanca,
antes de irme, con rabia,
sin premios ni aplausos;
un nocturno mutis
con tu espalda marcada
en la sombría celda de tu colmena.

Veloces vientos.
La mañana invernal.
Nubes moradas.

TIBURÓN

Su corazón bombea con avidez
el veneno de la coherencia,
el mandato recíproco,
las risas enlatadas,
la diamantina escasez,
el *efecto halo* de los cuerpos bellos,
la obediencia debida a los tiranos.
Y por eso estás de suerte,
—ladrón, mercachifle, furtivo seductor—
porque su alma es la diana de tus dardos.

Muestras las manos antes del truco
y sudas frío bajo los focos.

Cazas tendencias,
impones modas,
marcas la pauta.
Tienes un alto nivel cognitivo
de la codicia de los hombres.

Seduces a tus presas
con anzuelos del *ahora o nunca.*
¿En qué zoco aprendiste
las artes del regateo,
la receta del saltimbanqui,

las bagatelas que colman la mirada
con el brillo de la chatarra?

Tu sonrisa de escualo
escamotea los costes
y juras y perjuras
garantizar tu mercancía
contra el dolor, la herrumbre y las lágrimas.

Eres tu oferta y su demanda.
Como nadie,
tocas la fibra,
abres la brecha,

vences la resistencia,
descifras el código de los deseos.
Aturdes con piñatas de promesas.
Calculas la dirección del viento
y tus velas se hinchan
navegando hacia el desagüe.

Y cuando muy tarde regresas,
y en la habitación amarilla
aflojas el nudo de tu raída corbata,
enciendes la tele,
tiras a una esquina los zapatos
y te adormilas
—flojo, pálido y pesado—

sin que lo adviertas,
ha comenzado a invadirte
un ejército de sombras grises
para ocupar su plaza en propiedad
en el estercolero de tus pesadillas.

Bajo la higuera
no quiero tus monedas
de sal y espadas.

NO ESTARÁS

Esta noche no estarás
para el resto del mundo.
No para conversar
ni participar
en ritos, fiestas ni celebraciones.
No para declarar tu credo
ni para confesarle a nadie
tus sueños de otros días.
No estarás
para mirar estrellas
ni recitar versos
ni escuchar los cuentos acerca
de los habitantes de los mundos
de allá arriba.
Esta noche no estarás
—ni siquiera— para tu soledad,
sino para estar pendiente
de un aliento amado.

¿Por qué separas
la forma y el contenido?
Coge la nieve.

NARANJAS AGRIDULCES

Emboscada en selva negra
de chocolates y bizcochos,
te parapetas tras barricadas
de merengues de fresa y moka.
Y aun sin detener mi paso apresurado,
imposible dejar de mirarte,
un día y otro y otro.
Ver cómo anudas cintas doradas
en paquetitos de ilusiones,
y con angélica sonrisa
devuelves a cambio unas monedas.
No es posible
—ni razonable, lo pienso a menudo—
trabajar malhumorada en una confitería.

Ayer disfracé de valor el temblor de mis manos.
Y entré a verte.

Me pareció como entonces.
Aguardé mi turno,
admiré tu tarea,
la destreza de tus gestos
y cómo te apartas el pelo de la frente.
Los latidos de mi corazón
y los dulces que envolvías

me regresaban a tus manos
y a los abrazos de las lluvias.
Volver a hablarte,
después de todo.
Que volvieras a mirarme,
después de nada.
Aquí, de nuevo.
Yo, tu planeta.
Tú, mi estrella.
Tal y como era el universo entonces.
Te pedí chocolate
y esas naranjitas agridulces
que comíamos en tardes de domingo,
cuando el viento arrastraba por los bulevares
enjambres de hojas crujientes.
Y he salido cabizbajo,
con la indiferencia
empaquetada en mis manos.

Tal vez por eso,
al darte la espalda,
el paquetito se cayó al barro,
en este otoño de lluvias torrenciales,
borrascas de nombres exóticos
y paraguas volteados.

Busco la llave
de las puertas vacías
hasta encontrarte.

MEMORIA

Olvídame,
marcha,
vete,
déjame,
no me hables,
no me toques más
ni me mires.
Me arrancaría de tu memoria,
me robaría de tu pensamiento,
para que nunca me hayas mirado
ni hablado.
Para que nunca me dejes
ni te hayas ido.
Para que nunca me hubieras olvidado.

Papel pautado,
desmenuzado en lluvia.
Llega la noche.

ORACIÓN

Padre,
no me arrepiento de mirar
caperucitas con los ojos
de un lobito hambriento.

Padre,
no me pesa volver la cabeza,
cambiar el rumbo,
sorprender mohínes,
rastrear perfumes.

Padre,
no me culpo por cobijar
a un animalito
extraviado en la jungla,
suspendido de una escollera,
aullando por el desierto.

Padre,
no me castigo por admirar
blancos pechos,
areolas encarnadas,
piernas delgaditas,
higos de miel
y pubis de pan de azúcar.

Padre,
no me flagelo por fecundar
playas en invierno.
Ni tampoco,
Padre,
me avergüenzo de regar
sus pechos y su espalda
en las arenas de las dunas.

Padre,
no me acuso de inventar
payasitos forzudos,
leones funambulistas,
enanos lujuriosos
en este circo
de *majorettes* en minifalda.

Padre,
si acaso,
si puede ser,
tal vez me arrepienta de algo:
no haber estado más atento
cuando ellas pasaron
a mi lado sin yo verlas.

Sobre la espuma
de los años felices
navega un beso.

EL SENTIDO DEL VIAJE

En el túnel
un oxígeno agrio, escaso y gris
a duras penas me alienta.
Llamita vacilante y azul
que tropieza su destino a cada instante
entre la luz que la encendió
y el fuego rojo y alegre
en el que un día
no sabe si arderá.

La danza roja
de soles encendidos
hiere la tarde.

CÁRCEL DE AUSENTES

Penachos de aplausos
cacarean los gallos
en su corral.

Hay más agua en el desierto
que en los neveros de sus montañas.

Miguitas de indiferencia
esparcidas al regreso
del bosque talado.

Hay más plenitud en el viento
que en el fondo de sus alforjas.

Abrazos partidos,
saludos interesados,
mensajes arrendados.

Hay más calor en los glaciares
que en las brasas de sus hogueras.

Lenguas metálicas
envilecen los oídos
de los viajeros extraviados.

Hay más luz en los abismos
que en las auroras de sus mañanas.

Honores de chatarra,
sangrientos cuadriláteros
y ganchos al contrincante.

Hay más paz en los fusiles
que en los zureos de sus palomas.

En esta cárcel de ausentes
espero la sentencia de la madrugada.

Hay más verdad en el silencio
que en los veredictos de los jueces
y en las proclamas de los pregoneros.

Te vas de mí.
El sol se ha eclipsado.
Noche fugaz.

CIELO

Nieve

Cielo

Tú preparas en la sartén un plato de setas
doradas y crujientes.

Mi cielo

Mi nieve

Dime tu nombre,
mujer de ojos azules,
bajo la lluvia.

UNA PARTE DEL CAMINO

He andado una parte del camino.

Manzanas de un árbol que crece
en un remoto huerto junto a un río.

Me alimentan los deseos,
las llamadas del sexo y del corazón
de las tierras volcánicas,
libros del calor y de la vida.

Olvidé amigos.
He olvidado amigos para no aderezar
mis miedos
con testigos inoportunos.

He renunciado a levantar
sólidas casas de piedra,
historiadas con armas apócrifas
de linajes infundados.

Habito un reino diminuto
poblado por hombres testarudos y callados
y mujeres de mirada silenciosa.

Nunca quise aprender las artes de la lucha.

A veces, me arrodillo contra el viento
y lloro
en la playa de una isla.
Lloro como solo llora un hombre frente al mar.

He rezado también a solas,
para mí mismo,
respirando Dios a grandes y ansiosas bocanadas.

Evito jurar
las virtudes de la tribu,
pesar mi afecto en las balanzas
y fiar mi destino
a jueces ambulantes.

Si camino sobre afilados arrecifes
me daño y sangro;
soy humano.

Sediento,
bebo a grandes tragos,
en delicadas copas cristalinas o a gollete,
y no estoy tan oculto
como para no cruzar
las azarosas fronteras de una página
donde aguardo a que me veas.

Desde las dunas
lloras tu amor perdido
junto a la playa.

FLASHBACK EN BARES

Remolinos de notas
cantando ven y mírate
junto a los amigos de antes,
escondido entre las luces,
acodado en la barra.
Un perfume tatuado,
risas, miradas, cuerpos a cámara lenta,
baile sincopado,
el vaivén de notas escamoteadas,
cada vez más próximas
a un recuerdo abierto
como una flor al mediodía,
por más que caigan telones,
kilómetros, años y rupturas.
Cercado por la música del tiempo,
la noche mezcla los ecos,
afectos que resisten a los huracanes,
prendidos a los aviones con pinzas afiladas,
moviéndose al compás de los acordes
que dejo atrás al abrir la puerta
y buscar por calles húmedas y oscuras
el umbral
donde volvería a emborracharme
con el fuerte licor de tus besos.

La tintura de un
verano ensangrentado
tiñe mi otoño.

FELIZ NAVIDAD

Rúas estrelladas.
Bombillas fundidas y gélidos papanoeles
al borde del abismo.
El transeúnte se mira
en las lunas de rutilantes escaparates.
El buzón, vacío.
Silencioso el teléfono.
El frío tiraniza la ciudad
y castiga las ilusiones de un niño.
Ciegas miradas sin memoria.
Aceras con salivazos congelados.
Arterias colapsadas,
barridas por vientos inclementes.
Pasos de sonámbulo
y traidores que planean
asesinar los últimos amores.
Nocturnos rostros abotargados,
con la mirada serpentina.
Y tristes barrenderos.
Y ni paz ni amor
a los hombres
de vencida voluntad.

Bajo la luna,
pegado a las paredes
brotan los versos.

AGOSTO EN LAS PALMAS

Agosto noche. Quince grados.
Paseas tu vestido rojo
por Las Canteras,
husmeada por el hocico templado del océano.
Los correlimos
dibujan con sus patitas
arabescos en la arena,
muy veloces para su especie
—dices—,
y admiramos a las mujeres africanas
que lucen amplios y ondulantes vestidos azules,
rojos, blancos y dorados.
Música sobre una bicicleta.
Reconciliación.
De vuelta en casa
usurpas mi piel
con tus arrullos,
caramelo de hembra en mis labios.
Te regalo entonces
—la luz apagada
y el pájaro exótico
silencioso—
mis olas blancas,
hasta que juntos entramos
en el ensueño lento y ligero
de un verano
abrasado en tu mirada.

Vuelan pavesas;
reclutadas por vientos,
arrasan bosques.

MALLORCA 36

Un sol crucificado
en el tronco de un olivo.

Lunes brumoso,
heraldo del invierno.
Dormita el gato.

DESAFECTOS PERSONALES

¿Debería entristecerme
porque te hayas ido?
¿Porque hayas abandonado caricias,
dos libros, una promesa, tres pañuelos,
la funda verde de tus gafas,
y no te importe recogerlos?
No sé si debería.
Tal vez prefiera estar alegre
y añorarte
con un toque alcohólico.
Sí, será más placentero
pensar en ti
que sufrir tus desdenes
y soportar amordazado
los tacones de tus botas,
mujer de marzo a junio.

He capturado
tus pechos sonrosados.
Bendito sueño.

PESCADO ASADO

¿Quieres conocer mi poética?
Me pregunto un par de cosas:
si tú también escribes,
¿eres un artista?
Solo tú conocerás tu fuego.
¿O te asemejas más bien
a un hábil artesano,
a un paciente pescador?
Si tú quieres,
asemos juntos el pescado
y démonos un gran banquete.

In memoriam, para Luis

En la autopista
tiramos la moneda.
Julio en Las Landas.

HAY TARDES

Hay tardes.
Nada te sacia.
Cada gesto te sentencia
con los considerandos de un juez borracho.

Tocado.
Hundido.
Te gustaría descifrar
las formas inestables y caprichosas de las nubes.
Bombardear los búnkeres,
asaltar las trincheras,
hacer descarrilar los trenes,
sabotear el tedio
y conquistar una plaza rebelde al crepúsculo.
Guerreas contra ti y acabarás
—a este paso—
agotado,
y ebrio al borde de la noche,
y malherido por tu propia mano.

Déjame intentarlo.
Derribar el muro,
derogar el miedo.
Por ti.
Por mí.
Esta brisa, estos colores.

Y la luz.
Son para ti.
Para mí.
Para seres que ni siquiera imaginamos.

Ven, te invito a mi bosque.
A nuestro bosque de abedules.
Comeremos a la orilla de un lago.
Veremos nuestro reflejo y el de la luna
en su acuática lámina de oro.
Todas las tardes del frío
bailaremos alrededor de la hoguera
danzas antiguas y gentiles,
y acecharemos juntos el amanecer,
como hermanos,
vacíos de la niebla,
llenos del sol,
contentos, sonrientes, un poco tontos,
con el aire en nuestras manos.

Sobre la escena
cae la bailarina.
Mi amor perdura.

LAS PUERTAS VACÍAS

Quiero mirarte
al otro lado del espejo,
dorada por los años.

Quiero susurrar
tu nombre por las calles
bajo un cielo distinto
al que nos cobijó,
interminable y generoso,
protector de las espigas del verano
y de las caricias en las tabernas.

Quiero recoger
migajas de recuerdos,
y sembrarlas por los caminos
que transito a solas,
loco el timón,
viendo cómo los pájaros ciegos del olvido
se comen tu corazón y el mío.

Quiero callar
tu nombre cuando le hablo
a los días de mil cosas,
tras las puertas entreabiertas del silencio.

Quiero encender
cada noche una bombilla desnuda
que ilumina sábanas arrugadas,
diagramas mensuales de lágrimas
guardados en los cajones
más remotos de la rabia.

Quiero secuestrar
razones para resistir
y pedir por ellas un rescate
de barcos enteros cargados con tus besos,
de lluvias torrenciales,
viajes a las fuentes,
letreros luminosos,
títulos de crédito,
paseos por la bahía
y serpentinas amarillas.

Quiero decir
que casi nada me cuesta inventarte,
postrarme ante el instante sagrado
y adherirte a mi álbum de ilusiones,
la más bella, rarita y deseada.

Y quiero abrir
las puertas vacías,
dejar mi casa derrumbada,
y correr, correr,

contra el viento del fin del mundo,
tomar impulso y saltar
dentro de tu espejo,
donde caigo
en este vacío de lluvias moradas
sin dolor y sin combate.

Índice

Este libro se terminó de editar en Granada
en noviembre de 2024 por

Aliarediciones

www.aliarediciones.es
info@aliarediciones.es